Elke Verheugen

Das grüne Gold von Curaçao

Moringa
made by Don Genaro

Die Deutsche Bibliothek verzeichnet diese Publikation in der Deutschen Nationalbibliografie; detaillierte Daten sind im Internet über http://dnb.d-nb.de abrufbar.

ISBN: 9783734793011

Das grüne Gold von Curaçao - Moringa
3. Auflage, Februar 2020

Herausgeber: Don Genaro Curaçao Appartements N.V.
Autorin: Elke Verheugen
Herstellung + Verlag: Books on Demand GmbH, Norderstedt

Die Ausführungen entstammen unter anderem aus der Feder von Dr. PH.D. H.M.Augsburger und Uwe Brose.
Satz, Layout und Titel: Elke Verheugen
Korrektorat und Lektorat: Elke Knoff und Ulrike Verheugen
Fotos: Elke Verheugen
Copyright: Curaçao 2019, Elke Verheugen

Über die Autorin

Elke Verheugen, geboren 1958 in Brühl, studierte Kommunikationswissenschaften und war lange Zeit Werbe- und Sponsoringleiterin in verschiedenen Unternehmen.

2009 entschloss sie sich gemeinsam mit ihrem Mann ihren Traum von Curaçao zu verwirklichen. Sie bauten erfolgreich die Don Genaro Curaçao Appartements auf, die seither zu eine der beliebtesten Appartementanlagen von Curaçao gehören.

Bei der Gartengestaltung entdeckte Elke Verheugen 2010 den Moringabaum, den sie gerne als das grüne Gold von Curaçao bezeichnet.

Elke Verheugen glaubt, dass zu viele Menschen nicht ihre Träume, sondern ihre Ängste leben.

„In zwanzig Jahren wirst du die Dinge bereuen, die du nicht getan hast anstatt die Dinge, die du getan hast. Deshalb zieh den Anker ein, verlasse den sicheren Hafen und fang den Wind in deinen Segeln. Entdecke, träume, erkunde." Mark Twain

Don Genaro Curaçao Appartements

INHALT	SEITE
Vorwort / Einleitung	7
Teil 1 - Alles Wissenswerte in Kürze	8 - 46
Herkunft und Verbreitung	8
Moringa Arten	9
Moringa Bestandteile, Verwendungs- und Nutzungsmöglichkeiten	
Blätter	10
Blüten	10
Früchte und Schoten	11
Samen	12
Rinde und Wurzeln	14
Ganze Pflanze	15
Moringa Forschung	17
Superfood	20
Inhaltsstoffe	20
Aminosäuren	22
Antioxidantien (Orac)	25
Botenstoff Zeatin	29
Anwendungsgebiete	30

Moringa Zielgruppe	31
Schwangere und stillende Frauen	32
Babys	32
Kinder	33
Berufstätige Menschen	34
Singles	37
Schüler und Studenten	37
Sportler	37
Frauen in den Wechseljahren und Best Ager 50+	40
Senioren 65 +	43
Vegetarier und Veganer	46
Teil 2 – Moringa aus Curaçao - Moringa von Don Genaro	47-59
Produkte	49
Qualität	50
Dosierung	52
Deutschlandvertrieb	56
Beratung	57
Kontakt	58
Anhang: Don Genaro Moringa Appartement	59

Vorwort

Gäbe es einen Oscar oder einen Nobelpreis für Pflanzen, ginge dieser Preis ganz sicher an den Moringa Oleifera-Baum. Dieser Baum wird häufig auch als „Wunderbaum" und sein Ertrag als „Superfood" bezeichnet. Und das nicht ohne Grund.

Inzwischen zeigen mehr als 700 wissenschaftliche Studien, wie gesundheitsförderlich dieser Baum ist. Allein 70 % aller Erkältungskrankheiten könnten mit den Extrakten des Baumes verhindert werden. Moringa stärkt das Immunsystem so außerordentlich, so dass nicht nur lästige Erkältungen verhindert werden, sondern auch ein wirkungsvoller Schutz gegen viele schlimmere Krankheiten aufgebaut wird. Umso unverständlicher ist es, dass Moringa immer noch nicht in aller Munde ist, sondern eher als Geheimwaffe gehandelt wird.

Wer auch immer die Existenz oder die Wirkung des Moringa-Baumes verhindern möchte - ich bin jedenfalls überglücklich diese Pflanze bereits vor zehn Jahren entdeckt und bei Don Genaro angepflanzt zu haben. Ich selbst verzichte keinen Tag auf die Blätter und Blüten und kann nur JEDEM wirklich empfehlen, die überaus erstaunliche Wirkung dieses Baumes kennenzulernen. Aus diesem Grund habe ich alles Wissenswerte über den Wunderbaum MORINGA OLEIFERA in Kürze zusammengetragen.

Herkunft und Verbreitung

Der Moringa Oleifera stammt ursprünglich aus Indien, wo er am Fuße des Himalayagebirges wächst. In den alten Veden (heilige Schriften) wurde vor 5000 Jahren schon über Moringa berichtet, und die Ayurveda spricht davon, dass Moringa über 300 Krankheiten heilen könne.

Im Laufe der Jahrhunderte hat Moringa sich über die tropischen und subtropischen Regionen der Erde verteilt, wo er inzwischen in viele Länder kultiviert und als Gemüsepflanze angebaut wird. So ist der Moringa Baum auch auf Curaçao angekommen. Bei karibisch warmen Temperaturen wächst er hervorragend.

Moringa Arten

Moringa hat sich auch im Laufe der Jahrhunderte an seine Umgebung angepasst. Es sind inzwischen dreizehn Arten von Moringa bekannt, was aber nicht heißt, dass es nicht noch mehr davon gibt.
Die bekannteste Art ist jedoch der Moringa Oleifera, mit dem wir uns hauptsächlich hier beschäftigen wollen.

Moringa Bestandteile, Verwendungs- und Nutzungsmöglichkeiten

Der Baum (die Pflanze) wächst bis zu 30 cm im Monat und kann in einem Jahr ein Höhe von bis zu vier Metern erreichen. Fast unendlich scheinen die Verwendungs- und Nutzungsmöglichkeiten in vielen Bereichen des täglichen Lebens.

In den Herkunftsländern dient er seit mehreren tausend Jahren als Nahrung, Medizin und Energiequelle. Erstaunlicherweise sind alle Teile des Baumes verwendbar, und die einheimischen Kulturen aller Länder, in denen Moringa wächst, haben unabhängig voneinander die positiven Eigenschaften von Moringa für ihr Wohlbefinden entdeckt und wenden sie für ihr tägliches Leben an.

Blätter: Nahrungsmittel (frisch oder getrocknet)

Die Blätter des Moringabaumes sind durchaus roh und frisch als Salat zu genießen oder sie werden als Gemüse gekocht. Soßen und Suppen lassen sich ebenfalls aus den Blättern herstellen. Sauer eingelegt bilden sie auch eine ausgezeichnete Vitaminquelle.

Blüten: Gewürz, Bienenzucht, Medizin

Die Blüten sind bei Bienenzüchtern beliebt, denn schon etwa acht Monate nach der Anpflanzung blüht der extrem schnell wachsende Moringa-Baum. Der Geschmack der Blüten ist pilzartig und sie eignen sich hervorragend für den Salat. In der Heimat des Baumes werden die Blüten einfach in den Speisen mitgekocht.

Die Blütenblätter werden 2-3 cm groß und blühen drei Monate

lang. Man kann daraus einen Tee zubereiten, der stimmungsaufhellend, stimulierend und kräftigend wirkt. Dass der Blütennektar entzündungshemmende Eigenschaften hat, ist ein weiterer Grund, warum der Moringa-Baum auch bei den einheimischen Imkern sehr beliebt ist. Tee, der aus aus Blüten hergestellt worden ist, ist sehr gesund und hilft aufgrund der Senföle gegen Erkältung und Husten.

Früchte und Schoten: Nahrungsmittel
Ganz junge unreife Früchte (Schoten) werden in vielen Ländern Asiens wie grüne Bohnen als Gemüse verzehrt. Ausgewachsene grüne Schoten werden in traditionellen Suppen mit gekocht.
Die Sprossen und Früchte erinnern im Geschmack und Schärfe dem Rettich und können zum Würzen benutzt oder roh gegessen werden.

Samen: Nahrungsmittel, Öl, Wasserreinigung, neue Anpflanzung

Wenn die Schoten nicht vorher abgeerntet und als Nahrungsmittel verwendet werden, bleiben sie lange am Baum hängen, trocknen aus, öffnen sich schließlich und lassen ihre nussartigen Samen fallen.

Die Samen des Moringa-Baumes werden „Behen Nüsse" genannt. Sie sind rundlich bzw. fast dreikantig und jeweils mit drei papierartigen Flügeln besetzt. Der Moringa-Samen ist für sich schon ein kleines Kunstwerk der Natur. Bis zu 25 Samenkerne können in einer Fruchtschote sein, die ca. 50 cm lang wird.

Aus den Samen wird ein besonders gutes Pflanzenöl gepresst. Die Moringa-Samen haben einen hohen Öl-Anteil von bis zu 45% des Gewichtes. Das Moringa-Öl kann als hochwertiges Speiseöl genutzt werden, wird aber auch in der Kosmetikindustrie sehr geschätzt.

Moringa-Samen sind etwas größer als eine Erbse. Gekocht werden sie wie Erbsen oder wie Nüsse geröstet.

Das Spektakuläre ist jedoch, dass der Moringa-Samen die Fähigkeit hat, verschmutztes und verkeimtes Wasser wieder trinkbar zu machen. Das alleine macht den Moringa zu einem Wunderbaum. Forscher haben entdeckt, dass Moringa-Samen Stoffe enthalten, die verunreinigtes Wasser reinigen können. Schon 0,2 Gramm Moringa-Samenpulver (1-3 gemahlene Samen) reichen, um 1 Liter Tümpelwasser in trinkbares Wasser aufzubereiten. Dabei können bis zu 99% der Keime nicht nur abgetötet bzw. Gebunden werden, sondern auch Schmutzpartikel aus schlammigem Wasser sowie Schwermetalle wie Arsen neutralisiert werden.

Wie das geht erklärt eindrucksvoll der Physiker, Wissenschaftsjournalist und TV-Moderator Yogeshwar Ranga http://www.youtube.com/watch?v=sW5AzxQ8tLc)

Reinigung und Entgiftung des Körpers

Der Samen kann auch zur Entgiftung des Körpers und bei Verstopfung und zur Darmreinigung genutzt werden

Der menschliche Körper besteht zu ca. 70% aus Wasser. Die reinigende Wirkung der Moringa-Samen wirkt sich neben dem Trinkwasser auch positiv auf den menschlichen Körper aus. Moringa-Samen helfen, den Körper zu entgiften und von schädigenden Stoffen zu befreien.

Der Körper wird von sauren und schädigenden Abfällen gereinigt und entgiftende Organe gestärkt. Moringa verbessert die Regeneration der Leber als ein solches Organ. Es werden die entgiftenden Funktionen im Körper angeregt und: schädigende Schwermetalle schneller aus dem Körper beseitigt, die Bildung schwermetallbindender Proteine stimuliert (welche die Metalle entfernen), die Bildung von Metallen an den Zell-Rezeptoren gehemmt, alkoholischen Leberschäden entgegengewirkt und mitochondriale Veränderungen durch Ethanol reduziert.

Rinde: Medizin, Seilherstellung, Papierherstellung

Wurzeln: Nahrungsmittel, Medizin

In der Wurzel und der Rinde des Moringa-Baumes sind sämtliche aller bekannten Nährstoffe in einer stärkeren Konzentration vorhanden, als in den anderen Teilen des Baumes. Die Wurzeln einiger Moringa-Arten sind essbar. Im Senegal und in Indien werden die Wurzeln zerstampft und mit Salz vermischt. Der daraus entstandene Brei wird bei den traditionellen Völkern zur Behandlung von Rheuma und Gelenkschmerzen angewandt. Auch bei Herz -und Kreislaufproblemen werden Wurzeln und Rinde verwendet.

Ganze Pflanze: Tiermedizin und Tierfutter

Nicht nur für den Menschen bringt Moringa viele Vorzüge, sondern auch für die Tiere. Durch den hohen Anteil an Proteinen, Vitaminen, Mineralstoffen und Aminosäuren in den Moringa-Blättern sind Tiere, die Moringa in ihrem Futter als Zusatz bekommen, gesünder und haben einen höheren Widerstand gegen Krankheiten und Stresssituationen.

In der Tiermedizin wird Moringa erfolgreich eingesetzt. Phyto-Provitamine helfen z.B. bei Viruserkrankungen bei Hunden. Moringa sorgt nicht nur für ein glänzendes Fell, sondern hilft gegen Würmer und Milben, gegen Osteoporose und Hüftgelenkdysplasie. Die Phyto-

Provitamine erhalten die Sehfähigkeit und stärken das Gebiss Ihres Tieres. Das gilt für Pferde, Katzen, Hunde sowie für alle anderen Kleintiere. Die Moringa-Stoffe werden auch für Aquarien verwendet.

Die „Abfallprodukte": Bodenverbesserer / Biodünger, Tierfutter.
Auch als Nutztierfutter eignet sich Moringa ideal, denn Nutztiere, die Moringa als Zusatzfutter bekommen, nehmen deutlich an Gewicht zu (bis zu 32%). Kühe geben z.B. bis zu 43 % mehr Milch.

Auch Pflanzen, die mit einem Pflanzenwachstumsmittel, das aus Moringa hergestellt wird, bespritzt werden, zeigen einer Ertragssteigerung, die durch zwei Pflanzenwachstumshormonen herrührt, die in Moringa enthalten sind.
Werden Pflanzen mit einer Moringalösung besprüht, steigt der Ertrag bis zu 35%. Früchte und Pflanzen sind stärker und widerstandsfähiger gegen Krankheiten und Schädlinge. Das gilt auch für Garten- und Zimmerpflanzen.

Moringa Forschung

In den vergangenen 20 Jahren wurde intensiv und weltweit an Moringa geforscht. Die Erkenntnisse belegen, dass Moringa einen wesentlichen Beitrag zur Förderung der Gesundheit, nicht nur in den weniger entwickelten Ländern, sondern auch bei uns leisten kann und wird.

Neueste Forschungen liefern den Beweis: Moringa kann ernähren, nähren, vorbeugen, helfen, regulieren, schützen und reparieren. Der Grund ist, dass sämtliche Teile des Baumes ein optimales Nährstoffspektrum, in synergistischer Zusammensetzung, mit hoher Bioverfügbarkeit bieten.

Moringa-Pulver aus den Blättern, Öle aus dem Samen der Frucht und die Wurzeln sind sowohl in der Naturmedizin als auch zur Nahrungsergänzung bestens geeignet.

Inzwischen gibt es über **700 Forschungarbeiten** von namhaften Wissenschaftlern zu Moringa Oleifera. Sie bestätigen und beschreiben die unglaublichen Eigenschaften und Leistungsfähigkeit der Pflanze. Auch immer mehr Schulmediziner bestätigen die natürliche Heilkraft der Moringa-Pflanze.

Dr. Frank W. Martin / Tropeninstitut: "Unter dem Blattgemüse findet man den besonderen Meeretichbaum (Moringa). Die Blätter sind eine der besten pflanzlichen Lebensmittel, die gefunden werden konnten."

Andrew Young – Bürgermeister von Atlanta: "Moringa ist ein äußerst viel versprechendes Instrument zur Überwindung der Dritten Welt: Mangelernährung, unreines Wasser und Armut."

Dr. Krishnaswany – ehemaliger Direktor vom Indian Council of Medical: "Unter der großen Anzahl an grünem Blattgemüse, ist Moringa die reichste Quelle von Beta–Carotin (Vitamin A), abgesehen von der Bereitstellung weiterer wichtiger Mikronährstoffe"

Noel Vietmever / US National Academy: "Obwohl nur wenige Menschen jemals von Moringa gehört haben, wird es bald zu einer der weltweit wertvollsten Pflanzen, zumindest in humanitären Bereich, gehören."

Dr. Frank L. Martin: "Auszüge aus dem Moringa Pulver lösten eine Selbstzerstörung von bis zu 80% der Leukämiezellen aus…Selbst kleine Mengen der Blätter könnten Tausende von Menschen vor Leid und Tod schützen."

Dr. Levette Truette / Universität Florida: "In der Tat; Moringa hat fast alle essentiellen und nicht essentiellen Aminosäuren, die nur noch sehr selten in unserer Nahrung vorkommen."

Los Angeles Times: "Wissenschaftlich gesehen klingt Moringa wie Magie. Es kann schwache Knochen wieder aufbauen, bereichert anamisches Blut und beugt Krankheiten vor. Es hilft bei Diabetes und Bluthochdruck, aktiviert die Zellen........"

Prof. Dr. Klaus Becker / Uni Hohenheim: "In 17 Jahren Forschung kam man nun zur Erkenntnis, dass Moringa einen wesentlichen Beitrag zur Förderung der Gesundheit leisten kann und wird. (Er nennt ihn auch den „Cinderella Baum") – ein Märchen, das wahr werden könnte!"

Prof. A. Hersch / Universität Kalifornien: "Beeindruckend ist, dass Moringa Pulver über eine ungewöhnliche und einzigartige große Anzahl der für den Menschen unabdinglichen essentiellen und nicht essentiellen Aminosäuren verfüge."

Moringa ist ein Superfood

Erstaunlich ist, dass Moringa fast nichts enthält, was nicht durch den Körper genutzt werden kann. Moringa ist damit ein „Super Food". Wer seine Nahrung mit Moringa-Blattpulver täglich anreichert, wird für sich keine weiteren Nahrungsergänzungsmittel benötigen. Bei regelmäßigem Verzehr kann es zu keiner Mangelerscheinung kommen.

Das Blatt-Pulver des Moringa-Baumes ist ein rein natürliches, biologisches Produkt, in dem alle wertvollen Nährstoffe, die in der Nahrungskette für Mensch und Tier unentbehrlich sind, enthalten sind.

Die Kombination und Zusammensetzung der Inhaltsstoffe des Moringa-Baums ist sehr konzentriert und ausgewogen.

Moringa Inhaltsstoffe:

- 90 wichtige Nährstoffe
- Vitamine und Mineralstoffe
- Essenzielle Aminosäuren / hochkonzentriert
- Sekundäre Pflanzenstoffe: Alphacarotine, Betacarotine, Betacryptoxanthin, Lutein, Zeaxanthin, Chlorophyill

- Vitamine A – B1- B2 – B3 – B5 - B6 – B7 – B9 - C – D – E – K
- Kalzium
- Magnesium
- Kalium
- Mangan
- Phosphor
- Schwefel
- Chrom
- Selen
- Silizium
- Bor
- Zink
- Kupfer
- Eisen
- Kaffeeoylchinasäure
- Zeatin
- Enzyme
- Omega 3 6 9

Natürlich können wir sagen, dass in vielen Pflanzen diese Vielfalt enthalten ist. Die Frage ist nur: wie hoch ist die Konzentration? Moringa Oleifera enthält:

102 x so viel Vitamin B2 wie Spinat,
25 x so viel Eisen wie Spinat,
17 x so viel Kalzium wie Milch,
15 x so viel Kalium wie Bananen,
7 x so viel Vitamin C wie Orangen,
7 x so viel Vitamin B1 und B2 wie Hefe,

6 x so viel Polyphenole wie Rotwein,
4,5 x so viel Folsäure wie Rinderleber,
4,5 x so viel Vitamin E wie Weizenkeimlinge,
4 x so viel Vitamin A wie Karotten,
2,5 x so viel Karotin wie Karotten,
2 x so viel Magnesium wie iBraun-Hirse,
2 x so viel Proteine wie Soja,
1,5 x so viel Aminosäuren wie Eier und
1,5 x so viel Zink wie in einem Schweine-Schnitzel,
sowie sehr große Mengen an natürlichem Chlorophyll (grüner Pflanzenfarbstoff) und einen sehr hohen Anteil an ungesättigten, natürlichen Fettsäuren (Omega 3, 6 und 9)

Moringa enthält 18 von 20 bekannten Aminosäuren.
Früher wurden die Aminosäuren in zwei Gruppen unterteilt: die essentiellen und nicht-essentiellen Aminosäuren. Heute wissen wir, dass ein gesunder menschlicher Körper in der Lage ist, alle Aminosäuren selbst zu produzieren. Jedoch müssen dafür optimale Stoffwechselbedingungen vorherrschen: ein reines und lebendiges Nahrungsangebot, kein Stress, frisches, vitales Trinkwasser, ausreichend Bewegung an der frischen Luft und genügend Schlaf ... wer kann diese Bedingungen durchgängig einhalten? Die wenigsten Menschen können so leben. Daher gilt im-

mer noch die überlieferte Einteilung, dass eben einige Aminosäuren leicht vom Körper selbst hergestellt werden können und andere nicht.

Als „essentiell" gelten also Aminosäuren, die der menschliche Körper im Gegensatz zu den „nicht-essentiellen Aminosäuren" nicht selbst herstellen kann, Deshalb wird allgemein empfohlen, die essentiellen Aminosäuren dem Organismus mit der Nahrung oder mittels natürlicher Nahrungsergänzungen zuzuführen. Alle essentiellen Aminosäuren sind in Moringa nachgewiesen - ebenso fast alle der nicht-essentiellen.

Die Gruppe der elf nicht-essentiellen Aminosäuren kann der gesunde Körper selbst herstellen, wenn er die Bausteine dafür mit der täglichen Nahrung erhält. Da unsere Nahrung im industriellen Zeitalter jedoch häufig aus Zeitmangel, fehlenden Angeboten oder aus finanziellen Gründen nicht optimal zusammengesetzt ist, fehlen unserem Stoffwechsel unter Umständen die Bausteine für die nicht-essentiellen Aminosäuren. Moringa kann dem abhelfen.

Moringa enthält die folgenden 18 Aminosäuren

1 Isoleucin
2 Leucin
3 Lysin
4 Methionin
5 Phenylalanin
6 Threonin
7 Tryptophan
8 Valin
9 Alanin

10 Arginin 1
11 Thyrosin
12 Asparaginsäure
13 Cystin
14 Serin
15 Glyzin
16 Histidin
17 Prolin
18 Glutaminsäure

Die Funktion von Aminosäuren:
- Enzymwirkung.
- Hormonelle Wirkung.
- Antikörper-Wirkung.
- Regulierung des Säure-Basen-Haushaltes.
- Sie transportieren Sauerstoff, Vitamine und Mineralstoffe zu unseren Zellen.
- Sie bauen unseren Körper auf und halten ihn instand (Knochen, Zähne, Haut, Bindegewebe, Haare, Blutgefäße usw.).

Fehlt eine der Aminosäuren oder ist von einer der Aminosäuren zu wenig vorhanden, werden im Maße des Defizites dieser Aminosäuren - und auch die anderen Aminosäuren - in ihrer Funktion eingeschränkt.

Antioxidantien (Oxidationshemmer) wirken meist als Radikalfänger.
Mit dem Wort Antioxidantien sind wir bei einem wichtigen Punkt angekommen. Ein glänzender polierter Stahlträger, der Feuchtigkeit ausgesetzt ist, fängt an zu OXIDIEREN, in kurzer Zeit ist er unansehnlich und sieht alt und hässlich aus. Auch seine Funktion ist mit der Zeit eingeschränkt.

Das Gleiche passiert mit unserem Körper und unserer Haut! Den Angriffen der freien Radikalen ausgesetzt, altern wir viel schneller - unser Körper zerfällt, unsere Organe versagen den Dienst, unser Haut wird faltig und unansehnlich.

Freie Radikale sind für den Körper sehr schädlich und werden mit der Entstehung vieler Erkrankungen in Zusammenhang gebracht.

Die vermehrte Bildung von freien Radikalen erfolgt durch Stress, Ozon, UV- Strahlung sowie einseitiger Ernährung, Alkohol und Tabakkonsum.

Der Körper kann sich nur regenerieren, wenn diese freien Radikale zerstört werden.

Antioxidativ wirksame Substanzen kommen auf natürliche Weise in der Nahrung und im menschlichen Organismus vor.

Ein sehr wichtiger Radikalfänger ist z. B. Vitamin C. Im Körper wird das Vitamin C über die Blutbahnen transportiert. Dabei sorgt es im gesamten Körper gewissermaßen für "Sauberkeit": als Radikalfänger. Vitamin C reagiert mit den freien Radikalen zum Beispiel unter Bildung von Wasserstoffperoxid, welches dann zerfällt.

Solche entzündungshemmenden Stoffe wirken am besten, wenn sie mit anderen ähnlichen natürlichen bioaktiven Stoffen kombiniert werden. Dadurch wird eine weitaus höhere Wirkung erreicht als nur durch einen dieser Stoffe.

Moringa enthält 46 antioxidative Stoffe und ist damit eine der wichtigsten natürlichen Quellen von Antioxidantien.

Hohe ORAC-Werte der Moringa-Blätter
ORAC-Werte (oxygen radical absorbance capacity) geben den Grad an, in dem ein biologischer Stoff ein freies Radikal hemmt. Mit der Messung des ORAC-Wertes kann festgestellt werden,

welche Lebens- bzw. Nahrungsmittel besonders gute antioxidative Eigenschaften haben. Moringa glänzt hier mit einem Wert von ca. 46.000 ORAC-Einheiten pro 100 Gramm. Das amerikanische Landwirtschaftsministerium empfiehlt, täglich 3000 bis 5000 ORAC-Einheiten einzunehmen. Tatsächlich nehmen achtzig Prozent der Bevölkerung weniger als 1000 Einheiten pro Tag zu sich.

Prof. Dr. Klaus Becker von der Universität Stuttgart-Hohenheim ist seit mehr als fünfzehn Jahren in Moringa-Forschungsprojekten tätig. Er trinkt seit Jahren mit Vorliebe Moringa-Tee und ist der Überzeugung, dass in Moringa noch ein großes Potential liegt.

Die westliche Welt leidet an schweren nutritiven Defiziten. Diese stammen aus schlechten Ernährungsgewohnheiten, wie z.B. Junk-Food, Überkochen, Misch-Lebensmittel in einer unangemessenen Weise zu sich genommen, unzureichender Konsum von frischem Obst, Gemüse und Samen. Durch die Erschöpfung der Böden mit intensiver Monokultur, chemischen Methoden in der Landwirtschaft oder bei der Verarbeitung fehlen den Lebensmitteln wichtige Nährstoffe.

Viele Menschen haben unwissentlich eine schlechte gastrointestinale (akuter oder chronischer Blutverlust in das Lumen des Verdauungstraktes) Resorption von Nährstoffen, die in der Regel mit dem Alter steigt. Vielen anderen fehlt die Zeit oder die Lust, um mehr über gesunde Ernährung zu lernen, während einige nicht genug gebildet sind, um die Bedeutung zu verstehen. Wieder andere halten einfach nichts von neuem Wissen und bleiben bei ihrem Junk-Food bis zum ersten oder letzten Herzinfarkt. Andere wiederum glauben blind den Medien und der Industrie über die Wirksamkeit oder Unwirksamkeit der Vitamine. Leider wird das Wissen der Natur auch nicht von unserem Staat gefördert, um der aktuellen medizinischen Struktur nicht zu widersprechen. Es scheint besser zu sein, die Lösung durch ein Multivitamin- Präparat - welches im TV beworben wird - zu verkaufen. Wirkungslos und dem Konsum dienend. Multivitamine erscheinen als eine einfache und praktische Lösung, dem Missbrauch des Körpers entgegenzuwirken. Das ist sehr kurzsichtig gedacht. Hinzu kommt, dass viele Tablettenhersteller synthetische Pillen und Produkten anbieten, die nicht wirklich im Körper aufgelöst werden und verarbeitet werden können.

Generell werden Vitamine und die meisten Nährstoffe vom Körper am besten absorbiert, wenn sie aus natürlichen Quellen (Pflanzen, Tiere) stammen. Unser Körper ist so angelegt, dass wir am besten Vitamine aus komplexen Lebensmitteln der Natur absorbieren.

Botenstoff Zeatin

Moringa mit seiner Konzentration an hochwertigen und aufeinander abgestimmten Vitalstoffen enthält den erst vor kurzem neu entdeckten Botenstoff Zeatin

Zeatin ist ein Botenstoff, der dafür sorgt, dass, was in Moringa an Vitaminen, Mineralstoffen und Spurenelementen enthalten ist, auch durch den Körper aufgenommen werden kann.

Zeatin öffnet also die Türen für die Vitalstoffe, lässt sie herein und begleitet sie bis an den Platz, an dem sie durch die Zellen benötigt und gebraucht werden.

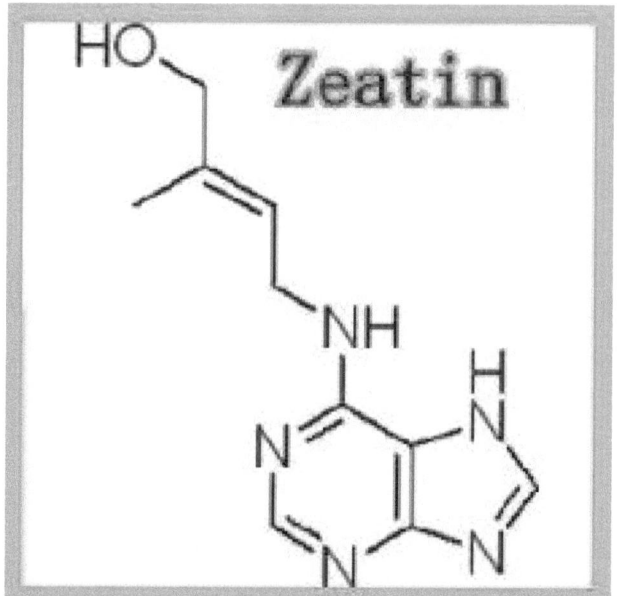

Moringa Anwendungsgebiete

Moringa hat sich für folgende Anwendungen bestens bewährt:

- Allergische Symptome können reduziert werden.
- Anfälligkeit von Erkältungskrankheiten können bis zu 70% vermindert werden.
- Augen und Sehkraft wird verbessert.
- Blutdruck und Cholesterin und Thrombosenrisiko können gesenkt werden.
- Durchblutung der Nieren kann verbessert werden.
- Entzündungen können verringert werden.
- Faltenminderung der Haut ist möglich.
- Herz und Kreislauf wird geschützt.
- Knochendichte kann erhalten und erhöht werden.
- Körpergewicht kann verringert werden.
- Krebsrisiko kann vermindert werden.
- Nähr – und Sauerstoffversorgung der Zellen wird optimiert.
- Stoffwechsel und Immunsystem wird aktiviert und optimiert.
- Übermäßige Magensäure-Produktion wird gehemmt.

- Überaus große Quelle an Ballaststoffen sind wichtig für den Darm.
- Harntreibend.
- Enthält antibiotischen und pilztötenden Wirkstoff Terygospermin und wirken so effektiv gegen Hautbakterien wie Staphylococcus Aureus und Pseudomonas aeruginosa, die Entzündungen verursachen.
- Hilft bei Lupus, Arthritis.
- Neutralisiert freie Radikale und dadurch oxidative Schäden.
- Verlangsamt den Alterungsprozess.
- Fördert die Leber und Nierenfunktion.
- Stärkt die Herzfunktion, hilft bei Bluthochdruck, Schlaganfall und Arteriosklerose, Prostatavergrößerungen und Prostatakrebs, Rheuma und Gicht.

Moringa Zielgruppe

Moringa ist ein vollkommenes und vollendetes Nahrungsprodukt, welches alle Nährstoffe enthält, die der Mensch vom Mutterleib, als heranwachsender Fötus bis ins hohe Alter benötigt.

Moringa bietet den Menschen eine unglaubliche Vielfalt an Vorteilen. Wenn Sie Moringa-Pulver täglich zu sich nehmen, brauchen Sie keine Angst mehr zu haben, zu wenig Vitamin A, B, C, Mineralstoffe, Proteine und Aminosäuren zu bekommen.

Mangelerscheinungen - sind wie oben schon angesprochen - ausgeschlossen.

Moringa ist einfach für alle Menschen gut, egal wie alt oder jung sie sind.

Schwangere und stillende Frauen
Wissenschaftliche Untersuchungen haben gezeigt, dass die Muttermilch von Frauen, die sich mit Moringa ernähren, von besserer Qualität ist als bei Nichtverzehr. Außerdem ist der Milchfluss bei diesen Frauen ergiebiger.

Babys
Mit Moringa haben z.B. unterernährte Babys und Kleinkinder in der dritten Welt eine viel größere Überlebenschance. Aber natürlich unterstützt Moringa auch die Entwicklung aller Babys auf der Welt.

Kinder

Doch nicht nur für Säuglinge, sondern auch für ältere, sich im Wachstum befindende Kinder, ist eine Ernährung mit Moringa von Vorteil, da die zahlreichen enthaltenen Nähr- und Aufbaustoffe sich positiv auf das Wachstum und besonders die Entwicklung der Hirn- und Nervenzellen auswirken können. Zudem stärkt der hohe Anteil an Vitamin C das Immunsystem der Kinder.

Moringa als Zusatz in Kindernahrung. Zwei der achtzehn enthaltenen Aminosäuren sind Arginin und Histidin, sogenannte semi-essentielle Aminosäuren. Für Kinder sind diese Aminosäuren wegen ihres schnellen Wachstums essentiell, weil der Körper sie nicht selbst in genügender Menge produzieren kann. Haben Kinder einen Mangel an einer dieser Aminosäuren, können körperliche Probleme in der Wachstumsphase entstehen.

Berufstätige Menschen

Da Moringa reich an Vitamin E ist und einen hohen Eisenanteil besitzt, wodurch die Fähigkeit des Blutes, Sauerstoff in Hämoglobin zu binden, zunimmt, ist Moringa auch wichtig für alle, die beruflich stark gefordert sind. Denn wenn die Sauerstoffzufuhr zum Gehirn zunimmt, werden die Gehirnzellen angeregt und dies erhöht die geistige Fähigkeit und Konzentration.

Im heutigen Berufsleben werden Menschen mehr gefordert als je zuvor. Neben dem hohen Leistungsdruck muss jeder täglich beweisen, diesen Anspannungen standzuhalten. Stress und Anspannung sind ein Teil des Wettbewerbes. Belastbarkeit ist eine Eigenschaft, die heute als "modern" gilt. Doch früher oder später führt diese ständige Belastung zu körperlichen Problemen, wie Diabetes, Bluthochdruck und Herzkreislauf-Erkrankungen.

Die antioxidative Wirkung

Moringa enthält 46 antioxidative Stoffe und ist eines der wichtigsten natürlichen Quellen von Antioxidantien. Zum Beispiel sind Vitamin C und Vitamin E die wichtigsten Antioxidantien, die die Zellen und das Zellgewebe bei körperlicher Anstrengung schützen und somit den Körper in der Leistung unterstützen.

Der hohe Anteil an Aminosäuren

Aminosäuren sind wichtige Bestandteile, wenn es um Sauerstofftransport, Konzentration und Gehirnfunktionen geht. Sie unterstützen die mentale Leistung und sind für eine gute Gehirnfunktion sehr wichtig.

Besseres Sehen

Am Arbeitsplatz oder zu Hause - viele Menschen verbringen ihre Zeit vor dem Bildschirm. Dies schwächt die Augen und trägt dazu bei, dass das Sehvermögen nachlässt. Die Kraft unserer Augen hängt direkt zusammen mit der Aufnahme von Vitamin A. Wenn unsere Nahrung zu wenig Vitamin A enthält, hat dies einen negativen Einfluss auf unser Sehvermögen. Moringa enthält 4-mal mehr Vitamin A als Möhren.

Bessere Konzentration

Moringa ist reich an Vitamin E und enthält 4-mal mehr Beta-Karotin als Möhren und einen hohen Eisenanteil, wodurch die Fähigkeit des Blutes, Sauerstoff in Hämoglobin zu binden, zunimmt. Wenn die Sauerstoffzufuhr zum Gehirn zunimmt, werden die Gehirnzellen angeregt und dies erhöht die geistige Fähigkeit und Konzentration.

Weniger Müdigkeit

Überstunden schwächen den Körper. Moringa ist mit Abstand die nährstoffreichste Pflanze und kann fehlende Vitamine, Mineralstoffe und Proteine im Körper ersetzen. Der Unterschied zwischen Moringa und anderen Nahrungsergänzung ist, dass Moringa 100% natürlich ist, keine synthetischen Stoffe enthält und die Nährstoffe in natürlicher Kombination enthalten sind.

Alle Vitamine, Antioxidantien, Aminosäuren, Calcium, Magnesium, Zink, Kalium und noch viele andere Mineralstoffe und Spurenelemente werden direkt durch den Körper aufgenommen und verwertet und der Mensch fühlt sich weniger abgespannt.

Single
Häufig ernähren sich Single unausgewogen. Das ist nachvollziehbar, doch dennoch gesundheitlich bedenklich.

Schüler und Studenten
Für Schüler und Studenten sind Moringa Kapseln für eine normale psychische Funktion und eine normale Funktion des Nervensystems geeignet. Dies fördert die Konzentration.

Sportler
Für Sportler sind natürliche Nahrungsmittel und deren Vitalstoffe wichtig und wirkungsvoller als synthetisch hergestellte. Deswegen ist Moringa so wertvoll. Moringa unterstützt den Muskelaufbau und steigert die geistigen sowie körperlichen Konzentrationsleistungen.

Athleten und Sportler gehören zu den Menschen, die täglich hohe körperliche Leistungen erbringen müssen, um ihre Kondition und Position im Wettbewerb zu erhalten. Nicht nur tägliches Training sondern auch eine ausgewogene Ernährung ist das große Geheimnis vieler Siege.

Moringa ist inzwischen bekannt als die nährstoffreichste Pflanze und gibt dem Körper alle essentiellen Vitamine, Mineralstoffe und Proteine und was er sonst noch benötigt.

Mehr Leistung
Der menschliche Körper macht einen Unterschied zwischen natürlich und synthetisch hergestellten Nahrungsmitteln. Moringa-Pulver, -Öl, -Samen und -Kapseln sind 100% natürliche Nahrungsmittel und versorgen den Körper mit Vitamin A, Vitamin C, Vitamin E, Calcium, Eisen, und vielen anderen wertvollen Vitalstoffen. Diese natürlichen Vitalstoffe sind in Moringa-Produkten in einer hohen Menge enthalten und werden, im Gegensatz zu synthetisch hergestellten Nahrungsergänzungsmittel, durch unseren Körper vollständig aufgenommen und in Energie umgewandelt.

Mehr Ausdauer

Durch den hohen Anteil an Vitamin A und C, zusammen mit dem extrem hohen Anteil an Eisen, unterstützt Moringa die Hämoglobinbildung im Blut. Dies gibt dem Blut die Möglichkeit, mehr Sauerstoff durch die roten Blutkörperchen zu den Muskeln während des Sports zu transportieren. Moringa sorgt für einen gesunden und stabilen Kreislauf.

Aminosäuren
Aminosäuren gehören zu den wichtigsten Bestandteilen einer Sportlernahrung. Aminosäuren unterstützen den Muskelaufbau, die Entsäuerung und die geistigen, sowie körperlichen Konzentrationsleistungen. Moringa enthält einen hohen Anteil an natürlichen Aminosäuren, die in einer ausgewogenen biologischen Zusammenstellung durch den Körper optimal verwertet werden können.

Der Körper eines Sportlers ist mehr den freien Radikalen ausgesetzt als der Körper desjenigen, der keinen Sport betreibt. Freie Radikale sind Atome, die bei Stress oder körperlichen Anstrengungen entstehen und den Körper fortwährend angreifen. Dies führt dazu, dass der Körper älter und schwächer wird. Antioxidantien beheben den Schaden, der durch freie Radikale verursacht wird.

Moringa enthält nachweislich 46 Antioxidantien und ist eines der wichtigsten, natürlichen Quellen von Antioxidantien.

Zum Beispiel gehören Vitamin C und Vitamin E zu den wichtigsten Antioxidantien, die die Zellen und das Zellgewebe bei körperlicher Anstrengung schützen und somit den Körper in der Leistung unterstützen. Die hohe Menge an Calcium und Aminosäuren helfen beim Aufbau des Muskelgewebes und kräftigen es.

Frauen in den Wechseljahren und Best Ager 50+
Moringa ist ein pures Anti-Aging-Mittel, denn Moringa ist ein Quell für Haut, Haare und Nägel und verschafft strahlendes Aussehen. Es bringt dem Körper Energie und damit auch Lebensfreude zurück. Menschen ab 40 Jahre, insbesondere Frauen, haben mehr Vitamine und Mineralstoffe nötig. Der Körper einer Frau fängt in diesem Alter an, sich hormonell zu verändern. Moringa steuert diesem Prozess entgegen und hilft den Frauen, mehr im Gleichgewicht zu bleiben.

Weil Moringa ein Vielfaches an Proteinen mehr enthält als Soja, hat es auch eine phyto-östrogene Wirkung, wodurch die Probleme der Wechseljahre deutlich verringert werden können.

Menopause

Die Menopause (Wechseljahre) ist eine besonders wichtige Zeit im Leben einer Frau. Für viele Frauen ist es eine schwere und schmerzhafte Zeit, die jedoch mit der richtigen Ernährung besser erlebt werden kann. Eine ausgewogene Nahrung hilft dem Körper, mit den hormonellen Änderungen besser fertig zu werden. In dieser Zeit, in der oft unregelmäßige Blutungen auftreten können und Frauen sich oft müde und gestresst fühlen, kann Moringa sehr behilflich sein. Moringa-Pulver, das 4-mal so viel Calcium wie Milch enthält und 4-mal mehr Vitamin A wie Möhren, gibt in diesem Alter den Frauen die nötige Reserve. Der hohe Anteil an Vitamin C hat einen positiven Effekt auf das Immunsystem und macht die Blutgefäße stark. Die Bio-Flasvonoide (Wachstumsregulatoren) wirken Hitzewellen entgegen und der Vitamin E-Anteil sorgt dafür, dass die Schleimhaut der Scheide nicht trocken wird.

Starke Knochen

In der Menopause kann die Knochendichte zurückgehen und Osteoporose entstehen. In dieser Zeit braucht der Körper viel Calcium. Wird es nicht über die Nahrung zugeführt, entnimmt der Körper Calcium aus den Knochen und Zähnen. Moringa, mit seinem hohen Calciumgehalt, ist die ideale Lösung. Denn das Calcium aus Moringa wird, im Gegensatz zu den meisten Calciumprodukten, durch den Körper gut aufgenommen. Damit werden die eigenen Reserven in den Knochen geschützt.

Depressionen

Wissenschaftler sind sich darüber einig, dass viele Formen der Depression durch mangelhafte Ernährung hervorgerufen werden. Mangelerscheinungen in der Nahrung rufen Mangelerscheinungen im Hormonsystem hervor. Depressionen können dann auch oftmals mit Nahrungsergänzungen behoben werden. Auch hier kann Moringa für Frauen sehr viel Gutes tun. Moringa enthält viel Magnesium und gerade bei Ängsten, Nervosität und Gemütsschwankungen liegt oftmals ein Mangel an Magnesium vor. Ebenfalls ist Magnesium sehr hilfreich bei auftretenden Wadenkrämpfen, die ab dem 40. Lebensjahr häufiger auftreten können. Magnesium ist ein wichtiger Bestandteil aller Organe und hält durch die Zufuhr diese geschmeidig.

Senioren 65 +

Jeder will alt werden aber kaum einer will rechtzeitig etwas dafür tun. Wer im Alter zwar an Jahren alt sein will aber nicht krank oder gebrechlich, der sollte rechtzeitig etwas dafür tun:

Gesunde Ernährung + Vitalstoffe.
Die Wahrscheinlichkeit, z.B. an Krebs zu erkranken oder eine Herzkreislauf-Krankheit zu bekommen, steht erschreckend "gut". Dabei ist Vorbeugen gar nicht so schwer, wie die Menschen glauben, denn die getrockneten und pulverisierten Moringa-Blätter sind das beste natürliche Multivitaminpräparat.

Osteoporose, Immunschwäche, ein Nachlassen der Sehkraft und der Konzentration können vorgebeugt werden. Alle Vitamine, Mineralstoffe, Proteine und Aminosäuren, die jeder ältere Mensch braucht, sind in Moringa enthalten und helfen mit, dass der Mensch sich auch in diesem Lebensabschnitt noch fit und vital fühlen kann.

Moringa ist ein Kraftpaket, vollgepackt mit Vitaminen und Mineralstoffen.

Immer mehr ältere Menschen verstehen es, auch im hohen Alter noch fit und vital zu bleiben. Ein zunehmendes Bewusstsein, auch im Alter noch gesund zu bleiben, hat die Menschen mobil gemacht. Das zeigt, dass sie inzwischen wissen, etwas für ihre Gesundheit tun bringt Freiheit und Freude.

Osteoporose, Immunschwäche, ein Nachlassen der Sehkraft und der Konzentration können durch sinnvolle Ernährung vorgebeugt werden. Alle Vitamine, Mineralstoffe, Proteine und Aminosäuren, die gerade im hohen Alter gebraucht werden, sind in Moringa enthalten und helfen mit, dass der Mensch sich auch in diesem Lebensabschnitt noch fit und vital fühlen kann.

Wichtig sind die Vitamine A, B, C und E, die Mineralstoffe Calcium, Eisen und Kalium und die Aminosäuren und Spurenelemente. Damit die Gehirnzellen auch im fortgeschrittenen Alter noch ständig aktiviert werden, ist ein guter Sauerstofftransport sehr wichtig.

Eine mit Moringa angereichte Nahrung ist ein „Muss" für all diejenigen, die auch im Alter noch ihr Leben genießen wollen. Wissenschaftlich bewiesen hat Moringa eine vorbeugende oder sogar heilende Wirkung bei

- AIDS
- Diabetes
- Krebs
- Blutarmut
- hoher Blutdruck (Herzinfarkt)
- entzündliche Krankheiten und
- Alterssehschwäche

Vegetarier und Veganer

Auch für Vegetarier, aber besonders für Veganer, ist die Moringapflanze von Bedeutung, da diese Menschen oft an Mangelerscheinungen leiden. So fragen sich viele, wie sie ihren Protein-, Kalzium- und Eisenbedarf decken und zugleich auf tierische Produkte verzichten können. Die Inhaltsstoffe der Blätter können diesem Problem Abhilfe schaffen, denn sie enthalten mehr Proteine als Eier oder Joghurt, deutlich mehr Eisen als Spinat und übertreffen den Kalziumgehalt von Milch um ein Vielfaches.

Bei Vegetariern ist es wichtig, dass sie eiweißreiche Nahrung (Bohnen, Erbsen, Soja, Nüsse, usw.) mit Getreide- und Reisprodukten kombinieren. Für Vegetarier ist dann auch eine Nahrungsanreicherung mit Moringa sehr zu empfehlen.

Teil 2 - Moringa aus Curaçao - Moringa von Don Genaro

Don Genaro Curaçao Appartements und die kleine Moringa Plantage - Aufgebaut mit der Kraft eines einzigen Baumes

Vor 10 Jahren bin ich mit meinem Mann nach Curaçao ausgewandert und wir haben hier die Don Genaro Appartement-Anlage aufgebaut.

Bei der Anlage des großen tropischen Gartens sind wir auf die Moringa-Pflanze gestoßen, die uns von Anfang an begeistert hat, so dass wir sofort eine kleine Moringa-Plantage angelegt haben. Damit sichern wir für uns und die Gäste unserer Appartementanlage frische Moringa-Produkte. Durch den Garten zu gehen und vom Moringa-Baum zu "naschen" ist für mich eine Selbstverständlichkeit und für viele Gäste ein bleibendes Erlebnis.

Übrigens: Vor 10 Jahren hat niemand gedacht, dass wir aus 6000 qm dornigem Gestrüpp ein Ferien-Resort schaffen, das bereits 2014 von "Holiday Check" zum besten Hotel bzw. Besten Apartment-Anlage der gesamten Region gewählt wurde.

Seither wird Don Genaro jedes Jahr von vielen Ferienportalen empfohlen, nicht nur von "Holiday Check"-

- 10 verschiedene Unterkünfte
- 6000 qm tropischer Garten
- Zwei Pools
- Ein Palapa / BBQ-Haus
- Für Taucher geeignet
- Eigene Mietwagen
- Ausflüge und Veranstaltungen

Ruhe und Entspannung...

...und einfach mal nichts tun.

Und genau wie vor 10 Jahren haben wir wieder eine Vison:

Wir möchten, dass möglichst viele Menschen diese Pflanze kennenlernen und von unsere Moringa Produkten profitieren können.

Don Genaro Moringa Produkte

Don Genaro bietet Ihnen Moringa Blatt-Pulver und Moringa-Kapseln sowie Moringa-Samen in Premium-Qualität an. Alles aus der eigenen Produktion, schonend getrocknet, fachgerecht verarbeitet und natürlich erntefrisch. Hier gibt es 100 % Moringa ohne Zusatzstoffe, gewachsen nur mit der Sonne und dem Was-

ser von Curaçao sowie unserem Wissen, unseren Erfahrungen und unserer Begeisterung für dieses Wunder der Natur.

Unser Moringa wird ohne Pestizide angebaut, enthält keine künstlichen Düngemittel und ist nicht gentechnisch verändert. Unser Moringa besteht zu 100% aus natürlichem Moringa in veganer Qualität. Das garantieren wir.

Und um ganz sicher zu gehen, dass unser Moringa nicht nur eine sehr gute Qualität hat, sondern auch frei von Bakterien oder Keimen ist, haben wir unser Moringa durch ein unabhängiges Prüflabor in Deutschland testen lassen. Auf das gute Ergebnis sind wir stolz.

Qualität
Qualität spielt natürlich eine wichtige Rolle.
Hier ein paar Hinweise woran sie gutes Moringa erkennen können und worauf Sie achten sollten:

1. Farbe: kräftig grün
Moringa sollte kräftig grün sein. Gelbliches, blasses, graues oder braunes Morina-Pulver deutet auf Fehler in der Verarbeitung hin

2. Geruch: grasig frisch
Moringa hat einen leicht grasigen Geruch, welcher bei guter Qualität jedoch sehr frisch riecht. Keinesfalls sollte das Pulver muffig oder unangenehm riechen.

3. Geschmack: leicht scharf
Vom Geschmack her sollte Moringa einen leicht scharfen Beigeschmack haben. Der Moringabaum heißt daher auch Meerrettichbaum.

4. keine Stängel
Da die Nährstoffe in den Blättern sind, ist die Trennung der Stängel von den Blättern gut für die Qualität.

5. schützende Verpackung
Licht und Hitze führen zum Abbau von Nährstoffen. Aus diesem Grund sind Moringaprodukte nicht über 25 Grad zu lagern und am besten in dunklen Gefäßen aufzubewahren.

6. fairer Preis
Die Preise für Moringa unterscheiden sich enorm. Wie bei allen Lebensmitteln sollte bedacht werden, dass zu niedrige Preise nur durch Mängel in der Verarbeitung oder unangemessene Bezahlung der Arbeiter zu Stande kommt. Eine Premium Qualität gibt es nicht zum Schnäppchenpreis.

7. Transparenz
Transparenz wird immer wichtiger. Premium Qualität sollte nicht nur angepriesen, sondern auch gezeigt werden. Man sollte keinen Produkten vertrauen, deren Herkunft und Verarbeitung nicht nachvollziehbar sind.

aus:(https://www.sattvaveda.eu/de/moringa/moringa-qualitaet/)

Dosierung
Bei offenem Moringapulver handelt es sich um ein Lebensmittel, für das keine vorgeschriebenen Dosierungslimits gelten.

Wie und wieviel Moringa sie nehmen sollten ist eine Frage, die sich nicht allgemein beantworten lässt.

Darüber hinaus ist jeder Mensch verschieden. Groß oder klein, jung oder alt, gesund oder krank und und und. Außerdem sind auch die Ernährungsgewohnheiten der Menschen sehr unterschiedlich. Wer zum Beispiel keine Rohkost gewöhnt ist, sollte eher langsam mit Moringa anfangen.

Grundsätzlich kann man Moringa nicht überdosieren. Zumindest ist es nicht realistisch. Dazu müsste man schon über 30 Kapseln einnehmen.

Kapseln

Es hat sich gezeigt, dass es am einfachsten ist Moringa in Kapselform zu sich zu nehmen, die man am besten 2-3 mal täglich zu bzw. nach den Mahlzeiten einnimmt.

Die empfohlene Tagesmenge liegt zwischen 1500 und 5000 mg Moringapulver pur oder 3-6 Kapseln, um eine ausreichende Nährstoffversorgung zu erreichen.

DKapseln gibt es in verschiedenen Größen. Am gebräuchlichsten sind die Größen „0-3". Don Genaro bietet die Kapsel-Größe „0" an - das sind die zweitgrößten Kapseln. Damit Sie nicht zu wenig aber auch nicht zu viel nehmen, sehen Sie die nachfolgende Tabelle:

Größe	Außenmaße	Inhalt (dichteabhängig)	Gewicht	Volumen	1 Teelöffel Pulver passt in	Stück/dm³
000	2,6cm x 0,97cm	800mg - 1600mg	158 mg	1,4 ml	4 Kapseln	
00	2,3cm x 0,84cm	600mg - 1200mg	123 mg	0,91 ml	5 Kapseln	510 Kapseln
0	2,16cm x 0,75cm	400mg - 800mg	100 mg	0,68 ml	7 Kapseln	600 Kapseln
1	1,94cm x 0,68cm	290mg - 580mg	76 mg	0,50 ml	10 Kapseln	950 Kapseln
2	1,76cm x 0,62cm	220mg - 440mg	61 mg	0,37 ml	13 Kapseln	1200 Kapseln
3	1,57cm x 0,57cm	160mg - 320mg	47 mg	0,30 ml	18 Kapseln	1600 Kapseln
4	1,43cm x 0,52cm	120mg - 240mg	41 mg	0,21ml	25 Kapseln	2100 Kapseln

Am Anfang empfehlen wir zur Sicherheit nur 1 Kapsel pro Mahlzeit zu nehmen – also 2-3 Kapseln pro Tag. Die vegane Kapsel löst sich im Magen auf und das Pulver kann zusammen mit der Nahrung direkt aufgenommen werden.

Nach ein bis zwei Wochen sollte man 2 Kapseln pro Mahlzeit zu sich nehmen.

Pulver
Zusätzlich kann das Moringa Pulver in der Küche verwendet werden wodurch man bis zu 1,5 g pro Tag zusätzlich zu sich nehmen kann.
Das Moringa Pulver kann z. B. in Soßen, Smoothies, als Brotaufstrich oder in Shakes verwendet werden. Man kann das Pulver auch ins Müsli rühren, allerdings löst es sich nicht in Flüssigkeit auf.

Die Menge an Pulver und Kapseln kann beliebig variiert werden. Ziel ist es auf ca. 6g am Tag zu kommen.
Nebenwirkungen von Moringa sind nicht bekannt. Aus diesem Grund ist nach aktuellem Wissensstand auch eine höhere Menge völlig unbedenklich.

Samen

Den Samen bzw. das Samenpulver empfehlen wir zusätzlich 1 x jährlich für eine Körpereinigung von Innen. Nehmen Sie z.B. 4 Wochen lang entweder 3 x täglich 2 Samenkerne zu sich und verwenden Sie das sehr intensive Moringa Samenpulver. Hiervon benötigen sie nur eine Messerspitze pro Tag.

Moringa Samen können auch gekocht, geröstet oder roh verzehrt werden! Allerdings sind sie nicht sehr schmackhaft.

Deutschlandvertrieb

Immer wieder werden wir von unseren Gästen und Kunden angesprochen, ob wir die Moringa-Produkte aus Curaçao auch nach Deutschland schicken können. Der lange und unzuverlässige Postweg und die extrem hohen Portogebühren machten es lange Zeit nicht möglich, doch jetzt wir haben einen Weg gefunden. Bitte schreiben Sie uns rechtzeitig, falls Sie frisch geerntete und verarbeitete Moringa-Produkte von uns haben möchten, denn alle 2 Monate haben wir die Möglcihkeit die Ware Bekannten von uns mitzugeben, die dann das Paket in Deutschland auf den Postweg bringen.

So erhalten Sie Moringa aus Curacao:

Ganz neu: Das Moringa-Starter-Set: Dieses Set gewährleistet Ihnen eine ideale 3monatige Nährstoffversorgung mit Moringa. Bestehend aus Samen, Pulver und Kapseln für 3 Monate zum Vorzugspreis!

Infoveranstaltung und individuelle Beratung

Wenn Sie mehr über Moringa erfahren möchten oder Moringa einmal ausprobieren wollen, dann besuchen Sie uns auf Curaçao. Bei Don Genaro gibt es regelmäßig Infoveranstaltungen mit der Autorin dieses Buches und ihrer Kollegin Monique. Kontaktieren Sie uns und fragen Sie nach der nächsten Infoveranstaltung: „Moringa at Banda Abou".

Kontakt

Don Genaro Curaçao Appartements
Kaminda Hofi Abou
Kavel 32 -33
Curaçao / Karibik

Home: www.dongenaro.de
Home: www.moringa-gold.jimdo.com
E-Mail: info@dongenaro.de
E-Mail: elke.verheugen@gmail.com
E-Mail: veenotter@gmail.com
Telefon: Don Genaro 005999 / 8683225
Telefon: zum Deutschlandtarif 06249 / 9432833

WhatsApp Elke: 005999 / 6969273 (deutsch und englisch)

WhatsApp Monique: 005999 / 6844503 (holländisch und englisch)

Anhang: Moringa Burg Appartement bei Don Genaro

Wussten Sie, dass die Don Genaro Curaçao Appartements sogar eine Wohneinheit nach diesem Wunderbaum benannt hat?

Unmittelbar vor der Terrasse steht ein Moringabaum zur individuellen Verfügung.

Gäste können also hier schon im Urlaub Moringa frisch essen und es zur Zubereitung von Speisen und Getränken verwenden. In der Moringa Küche finden Sie einen Blender zur Zubereitung von leckeren Smoothies und ein Moringa Rezeptbuch.

Das Moringa Appartement ist geeignet für 2-4 Personen und liegt inmitten des großen tropischen Garten mit zwei Swimmingools.

www.dongenaro.de

Für Ihre Notizen